Mario Konrad

Bereits beim ersten Lesen eines Gedichtes kann man spüren, wie die geschriebenen Worte im tiefsten Inneren unseres Selbst etwas anzustoßen vermögen. Selbst, wenn das Gedicht für den Moment noch verschlossen bleibt und die Erkenntnis über die Aussage erst nach dem hundertsten mal Lesen kommt, berührt ein Gedicht ab dem ersten Wort.

Die Gedichte und Momentbeschreibungen, welche in diesem Buch zu finden sind, haben zum Teil einen erkennbaren Bezug zu meinem Leben; allerdings sollte auch hier deutlich darauf hingewiesen werden, dass sämtliche depressiven und bewegenden Gedichte in Zeiten geschrieben wurden, welche fröhlicher waren, als sie zu sein scheinen.

Auch, wenn viele meiner Gedichte eher düsteren Inhalt versprühen, stammen sie doch von einem dem Leben durchaus positiv gesonnenem Menschen, welcher es durch seine Arbeit als Autor geschafft hat, mithilfe der deutschen und der englischen Sprache sein Leben, seine Gefühle und das, was ihn bewegt, in Worte zu fassen.

Mario Konrad, geboren 1991, erwarb seine Allgemeine Hochschulreife am Gymnasium-Schloss-Wittgenstein in Bad Laasphe im Jahre 2010 - die Gedichte in diesem Buch entstanden hauptsächlich im Zeitraum seiner Oberstufenzeit.

Im Oktober 2010 begann er sein Studium zum Betriebswirt an der heutigen Technischen Hochschule Mittelhessen in Gießen.

Mario Konrad

Ein Tintenklecks voller Gedichte

Dieses Buch möchte ich meiner Familie, meinen Freunden, Bekannten und

Jesus Christus - meinem Erlöser

widmen.

Ein großes Dankeschön für die freundliche Unterstützung geht an Daniel A., Simone S. und Marco S.!

Bibliografische Informationen der Deutschen Nationalbibliothek:
Die Deutsche Nationalbibliothek verzeichnet diese Publikation in der Deutschen Nationalbibliothek; detaillierte bibliographische Daten sind im Internet über http://dnb.d-nb.de abrufbar.

1. Auflage April 2011

Herstellung und Verlag: Books on Demand GmbH, Norderstedt
© 2011 Mario Konrad
Designelemente von www.photoshoptutorials.ws
ISBN 9783842354586

Inhalt

First Love   12

Leblos   13

The feeling of true love   14

The earth's face   15

Sad truth   16

Keys of Life   17

Sometimes   18

...Falling...   19

The one...   20

...dreams of love...   21

existence   22

Die Angst vorm Allein sein   23

Gedanken...   24

shadow   26

Regen   27

worth it?   28

Du fehlst...   29

Wenn es soweit ist...   30

Disco   31

Die eigene Insel   32

I used to laugh   34

Die Eine und nur du   35

Spuren im Sand   36

Wofür wollen wir leben?   37

...als könnte ich Fliegen...   38

Die fremde Hand   40

Zeit   43

Ausbruch   44

Du   46

Nothing But Sunshine   47

Ein neues Leben   48

Voice of war   50

Heartache   52

Würdest du es spüren (oder)
Wenn mein Herz deinen Namen spricht   53

Fühl dich frei!   54

Sanduhr   55

Einseitig-Gegenseitig   56

Was erwartest du?   57

Sonnenschein   58

Just like the world is ours   60

???   61

Flucht   62

Entspannung   64

Innerer Friede   65

Ende-Neubeginn   66

In meinen Gedanken   70

Deine Chance   71

Getrennte Wege   72

Kannst du...   74

First Love

Do you think, kissing the rain,

might make the rivers flow in your dreams?

When will you stop crying the tears of love?

maybe you'll never…

Just stay in the moonlight,

'cause it's your day.

inspired by Yiruma

Leblos

Der letzte Mensch auf Erden

Den die Stille umgibt,

von dem die Stille auch keinen Ton verlangt.

Unterbrechungsfreie Stille

Im Jenseits

Gestern, wie heute, ein Rätsel

Verlangen wir eine Lösung?

Verlangen wir eine Antwort?

Verlangen wir zu erkennen, was das Wissen durch seine
Komplexität uns zu versagen weiß?

Gibt es das was "Leben" heißt?

The feeling of true love

Love is the feeling

to describe the upcoming pain

that would kill me

if you go.

The earth's face

A night of darkness has covered the earth's face.

Will there ever be sunshine again?

In the truth of mankind the earth will be the sun to light
the universe.

The truth we are ready the give, will be the key.

Sad truth

The never ending feeling

of missing you, even when you are here

is the only way that makes me stay

when you go.

Keys of Life

Life's a house full of doors;

Time makes us lose the keys…

But sometimes you find a hidden one;

Will you be able find the fitting door?

Sometimes

Sometimes love hurts,

Sometimes the missing of love hurts,

Sometimes the missing of the feeling that love gives us hurts,

Sometimes the missing of hope in a relationship hurts,

Sometimes the missing of your capacity to understand me hurts,

Sometimes the missing of your love hurts,

Sometimes love hurts!

Missing you hurts most…

…Falling…

…I'm falling…

…how long will it take…

…you watch me falling…

…can you hear be thud…

…come and watch me…

…the way I am without being…

The one...

...the one you know for years...

...the one you never thought possible to be with...

...the one you've fallen in love with a long time ago...

...the one to be with forever...

...the one to open your heart...

...the one to give all your love...

...the one you kissed today =)...

...dreams of love...

Wonderful dreams of love that come and go

show me

that there is more

to be reached for in life

existence

happiness

love

life

choose one and you'll get them all

Die Angst vorm Allein sein

Blicke

…

bedeutungslos?

bedeutungsvoll?

glückschenkend?

hoffnungnehmend?

achtungsvoll verehrend!

Hoffnung

Liebe, Leben, Freundschaft

umarmend

Existenz fühlend

Schmerz vermittelnd

stumm

aber nie alleine…

Gedanken…

Ich möchte der sein, der ich nicht bin

Ich bin der, der ich nicht sein möchte

Etwas erreichen wollen; Ziele haben

Aufgeben und Akzeptieren

Das Leben schenkt mir so viel und doch bleibt nichts für immer;

"Abschied" heißt es, wenn jemand alles verliert…aber auch, wenn andere jemanden verlieren.

Wann wir dieser "Jemand" sein werden wissen wir nicht, und doch können wir es entscheiden.

Leben ohne Liebe?

Leben ohne Licht?

Leben ohne Perspektive?

Zukunftsvisionen – irgendwo – nicht greifbar…

Existiert nur das Gedachte?

Sind es die Gedanken, die uns steuern?

Muss man nach einem Sinn fragen, oder ist es die Antwort auf eine Frage die wir falsch stellen?

Wieso suchen wir einen Sinn? Sind wir alle Suchende? Gibt es einen Sinn hinter der Sinnsuche?

…Gedanken…gedacht…vergessen…verloren…für immer…

shadow

behind your slow dark shadow

near the untouchable feeling of pain

nothing creeps over your body that deep

it touches your soul

grasp the understandable

let the world turn

and live your life!

Regen

Regen der Seele

Regen der Liebe

Regen des Lebens

Regen

wieso?

weil es schön ist =)

worth it?

smiling against the worlds hate

talking against the wall of animosity

living with the pain of rancor

animus chases the dreams through my head

hatred against strangers

odium against myself to be a human

Du fehlst...

Wenn dein Herz Achterbahn fährt

und jede Farbe der Welt in dein Auge fällt,

wirst du dann glauben,

dass alles einen Sinn hat?

Alle Trauer der Welt im Erdgeschoss der Liebe vereint.

Das einzige Lied das uns verbindet – nur einmal gesungen.

Der letzte Tropfen Hoffnung durch das Sieb des
Augenblicks.

Die Liebe die mich dir verzagt.

Wenn es soweit ist...

Ich bin mir sicher, irgendwann kommt die Zeit,

dass wir erfahren warum und weshalb wir wie gehandelt
haben.

Irgendwann werden wir im sonnengewärmten Licht unseres
Lebensabends das Meer rauschen hören und uns sagen, dass
es gut war.

Im Herbst zeigt sich unser Leben in seiner wahren
Bestimmung.

Wenn unsere Blätter abfallen und wir mit jedem Blatt
weniger unserer Bestimmung näher kommen, dann haben
wir es geschafft.

Irgendwann sollten wir zufrieden sein mit dem was wir
haben,

aber bis dahin sollten wir nach Vollendung streben.

Die Endgültigkeit unseres Todes sollte uns nicht
abschrecken,

sondern zu dem antreiben, was viele von uns bereits sind.

Glücklich!

Disco

sitting

listening to the beat

feeling the deep sound of rhythm

flying across the ocean of light

dancing to the music

smiling

Die eigene Insel

Was tun wir hier, in unserer eigenen kleinen Welt, die sich
jeder schafft?

Wir alle treffen so viele Entscheidungen, die nicht nur
unsere Wege, sondern auch die der Anderen ändern
können.

Niemand ist sich darüber wirklich im Klaren, sonst würden
wir viel länger nachdenken, bevor wir etwas tun.

Es zu versuchen und es nicht zu schaffen, ist viel
erfüllender, als es nie versucht zu haben.

Das Leben spielt uns so manchen Streich.

Niemand weiß wie es weiter geht.

Niemand weiß warum alles ist, wie es ist.

Und auch niemand weiß, was es bedeutet ein Mensch zu
sein.

Erst wenn man nicht mehr aus seinen Augen in die Welt
sieht,

sondern versucht sich selbst, von außen durch die Augen
der Einzigartigkeit des Lebens zu erforschen,

dann wird einem klar, dass, auch wenn wir es nicht verstehen, alles eine tiefere Bedeutung hat und dass es sich lohnt zu leben.

I used to laugh

don't be shy

at night

under the pine-tree

when the warm wind grasps your mind

close your eyes

feel the infinity

sense the grit under your feet

silence

satisfaction

happiness

the desire to hug the world

Die Eine und nur du

Den Moment, den wir zusammen teilten

und der uns verbindet wird uns immer bleiben

Niemals darf man das, was man geliebt hat, hassen,

auch wenn es einem schwer fällt.

Eines Tages werden wir erkennen,

dass es mehr gibt wofür wir leben,

als nur die Liebe. Es gibt es wirklich,

nur gibt es noch kein Wort dafür.

Spuren im Sand

Verwaschen

Nur einmal gegangen, nur einmal geprägt

durch die Gezeiten vertragen

verschwunden im Rausch der Zeit

Verliebt für den Augenblick.

Die rote Sonne verschwindet im türkisblauen Meer

niemand erlebt den Moment so wie du

niemand fühlt was du fühlst und

niemand weiß was in dir vorgeht

Lasse dein Leben nicht an dir

vorbeiziehen sondern beginne heute

dein Leben in die Hand zu nehmen

und das zu tun, wozu du in der Lage bist.

Wofür wollen wir leben?

Gebe dich nicht zufrieden mit dem was du hast

mit dem was du bist

und mit dem was man von dir denkt

versuche das Ziel zu erreichen von dem du sagst, dass es nur
Könige so schön haben können

und wenn du soweit bist kannst du

Leben

und

Sterben

in Zufriedenheit.

…als könnte ich Fliegen…

Die letzte Flasche Whiskey, in der sich mein starr gewordenes Gesicht spiegelt, gleitet mir aus der Hand. Die Scherben zerschellen auf dem kalten Stein; die Stille wird für einen Moment durchschnitten, während sich der Alkohol mit den letzten Tabletten am Boden durchmischt.

Eine kalte Brise umweht mich, als es zu regnen beginnt.

Ich stehe, und warte.

Draußen, alleine, von allen Menschen im Stich gelassen. Der Schmerz der mich hierher getrieben hat, um mich durch den Tod von ihm zu erlösen.

Jeder Tropfen hämmert die Verzweiflung tiefer in mich hinein. Die nassen Klamotten hängen schwer am gepeinigten Körper.

Die Hoffnung fließt in immer größer werdenden Flüssen von mir weg. Es gibt nur noch den einen Ausweg.

Das Meer hat begonnen Wellen zu schlagen – immer höher, immer fester gegen die Klippen auf denen ich stehe.

Nun tost es in seiner vollen Pracht – unter mir das Nichts.

Niemand wird mich hören, wenn ich schreiend in den Tod stürze, niemand wird mich vermissen, niemand wird an mich denken.

Alleine gelassen von der ganzen Welt – im Stich gelassen von der eigenen Familie – gehasst durch seine Freunde.

Die eiskalte Nacht umschließt mich; wie ein Freund der mir den letzten Wunsch erfüllen will.

Im Fall wird der Körper leicht; kein Regen fällt mehr auf meinen Kopf – die Klamotten werden so leicht wie Federn – als könnte ich fliegen.

Ich schlage mit meinen Armen und genieße das Gefühl der Freiheit. Während sich das Adrenalin in meinem pulsierenden Körper verteilt, breitet sich in mir die Hoffnung auf ein besseres Leben aus.

Ich werde geliebt!

Aufschlag...Erlösung...Stille...Frieden...Nichts, außer ein weißes Licht am Horizont.

Die fremde Hand

Der feuerglühende Schmerz, der sich wie Napalm durch meine Adern frisst, nimmt mir die letzte Kraft.

Wenngleich ich mein Leben verliere, werde ich niemals durch die Hand eines Anderen sterben.

Ein natürlicher Tod war das, worauf ich mich eingestellt habe.

Die Krankheit die mir seit klein auf die Zeit Sekunde um Sekunde gestohlen hat, wird jetzt die letzte Hoffnung, dass ich durch sie sterbe.

"Bitte lass mich gehen" – vergebens

Die Faust des Todes schlägt mir mitten ins Gesicht und lässt mich taumelnd zu Boden stürzen. Die Kraft meiner Beine lässt nach – zwischen jedem Schlag vergeht ein Leben und doch hageln sie auf mich ein, wie ein Trommelwirbel.

Mit blutender Nase übergebe ich mich – kraftlos – ich sehe mein Spiegelbild – der Anblick, voll Blut und Hass.

Wohin hat mich mein Leben geführt? Ist es das, was jeder anders erlebt?

Ein Tritt in die Rippen raubt mir die Lebensenergie – wie ein Fisch an Land, kann ich nicht mehr atmen. Ich krümme mich vor Schmerz, während sich mein Blut im feuchten Schlamm verteilt. Keuchend tritt der Tod an meine Seite – flüsternd leise und doch entschlossen.

Einst ein guter Freund – jetzt der Freund meiner Feinde – mich hintergangen – mich verlassen – mich verraten...

Stille.

Was ist passiert? Ein dumpfes Geräusch. Dunkle Nacht.

Ist er weg?

Stille.

Stille.

Stille.

Morgengrauen.

Die blutdurchtränkten Fesseln an den Händen scheuern tief in das Fleisch.

Ich bin nicht alleine – Hoffnung?

Jemand spricht, ich kann es nicht verstehen. Die Fesseln lösen sich. Erneuter Schmerz. Ohnmacht.

Blutkrusten an meinen Augen verhindern es zu sehen – tosender Kopfschmerz raubt mir das Gehör.

"Wohin bringen sie mich?"

Der Geruch des alten Schuppens verlässt meine Nase – neue, frische Luft erfüllt meine Lungen. Die weiche Trage hält meinen schwachen Körper.

Die Geräusche werden lauter.

Jemand greift nach meiner Hand und hält mich.

Ich Lebe!

Zeit

Einst – vor tausenden von Jahren

werden wir durch die Welt laufen

und allen Menschen die wir treffen erzählen,

wie es in hundert Jahren gewesen sein wird.

Und wir werden vor tausenden von Jahren

zusammen im Meer liegen und uns küssen,

bis die Tränen die Zeit so unwichtig erscheinen lassen, wie
sie ist.

Jeder hat sie nur begrenzt

und niemand hat das Privileg ewig auf dieser Welt zu
bleiben.

Gerade weil wir nicht ewig Zeit haben,

aber doch immer wenn wir es wollen, sollten wir sie
vergessen

und Leben, bis wir es nicht mehr mitbekommen, dass
unsere Zeit hier längst vorüber ist.

Ausbruch

Dieselben Muster die uns binden und

uns nicht entkommen lassen wollen.

Gewohnheiten die uns trotz Schmerz begleiten.

Rückfall und der erneute Ausbruchsversuch nagen tief an
den Wurzeln der Betroffenen.

Lasst euer Leben nicht verwelken – dafür ist es schlichtweg
zu wertvoll.

Die Droge – egal ob real oder symbolisch – haftet sich
immer fester in unser Unterbewusstsein und wird zum
Bestandteil unseres Lebens.

Krankhafte Züge sind erkennbar in den Gesichtern der
Betroffenen.

Unsichtbares Gift, das uns von innen zerstört.

Wenn die Mauern unserer Gestalt bröckeln gibt es immer
noch Halt.

Es ist nie zu spät.

Wenn die Droge zu einem Bestandteil von euch wird, gebt
nicht auf es zu versuchen.

Gebt euch einen Ruck – so oft ihr könnt.

Erst der Tod ist endgültig.

Lasst es nicht so weit kommen!

In Gedanken an euch <Mario>

Du

Wenn es so ruhig ist,

dass man die Stille hören und fühlen kann.

Spürst du deinen Blick?

Genau so muss es sein;

wenn wir beide akzeptieren wie es ist.

Wenn das kalte Wasser an unseren Schultern herunter
fließt

gebe ich dir das, wonach du so ewig verlangt hast.

Ich liebe dich mein Schatz!

Nothing But Sunshine

Die Sonne geht auf

Licht flutet die Erde

es wird warm

Sommersonnenstrahlen

ein langes Leben

warmer Wind bläst mein T-Shirt wild umher

ich genieße es

Ein neues Leben

Schwarze Rohre, durch die Sonne glühend heiß, im Straßengraben.

Trockener Staub auf der Straße, plötzlich in der Luft, durch meine Reifen aufgescheucht; Rauchschwaden wirbeln hinter mir durch die Lüfte, während ich durch die Wüste fliege.

Hinein in das endlose Meer aus Sand – in das Nichts der Wirklichkeit

In eine andere Realität, hinfort aus meinem alten Leben, bloß weg von meinen Gewohnheiten.

Ein brandneues Leben liegt vor mir. Ein unbenutztes Leben, ohne Makel. Ich darf es leben. Niemand wird mich davon abhalten der zu sein, der ich bin und der ich sein will, der ich schon immer sein wollte.

Für meine Ewigkeit bin nur ich zuständig.

Wir sind es alle!

Dünen verwaschen die Sicht, doch wenn sich der Sandsturm legt, wird die Sonne Klarheit in unserem Leben stiften.

Berge aus Sand fliegen über mich.

Ich fühle wie mich die Freiheit überkommt.

Sie fasst mich bei der Seele und lässt mich nicht mehr los.

Ich schreie aus vollem Leibe und jauchze das Glück gen Himmel!

Meine Füße stampfen fest in den heißen Sand!

Die Sonne erleuchtet meinen sich drehenden Körper.

Tränen der Freude laufen meine Wangen hinunter.

Dieser Moment der meine neue Lebensgrundlage bildet ist einmalig.

Einmalig und wunderschön!

Er soll niemals enden...Er wird niemals enden!

Voice of war

Die Stille erstickt mich

Was wird das nächste Geräusch sein?

Schmerzverzerrtes Geschrei?

Freudiges Rufen?

Ich sterbe vor Stille

Wann werde ich Vergebung finden?

Pistolenschüsse

Patronenregen

Endlose Minuten

Ewige Sekunden

Blinde Wut

Krieg ist eine Krankheit

Es wär alles so einfach, wenn wir miteinander reden könnten.

Den anderen durch Faustschläge zu überzeugen ist Vergangenheit.

Steinzeit.

Der Stärkere hat Recht.

Schwachsinn.

Wer die göttliche Liebe erfahren hat, der wird eine
kriegsfreie Antwort finden.

Ohne Gewalt, Waffen, Bundeswehr, Militär, Soldaten…

Ohne Krieg

eine Welt ohne Krieg

eine Welt in der ich gerne leben würde

Heartache

Nicht, dass ich es nicht fühlen würde

natürlich

Der Schmerz frisst mich auf!

Ich zeige es nur nicht

Die Wunden sind um einiges tiefer, als du erahnen kannst

Warum tust du mir das an?

Ich dachte ich könnte auf dich zählen?!

Gib mir wenigstens eine Antwort!

So lässt du mich sitzen?

Hätte mehr von dir erwartet…

Dann sei halt frei und stell fest, dass es mit mir schöner
war.

Würdest du es spüren (oder)
Wenn mein Herz deinen Namen spricht

Sie könnte mein Leben verändern

und doch tut sie es nicht.

Sie ist so viel mehr,

doch sie weiß es nicht.

Sie erschafft in mir Gefühle die ich nie zuvor gespürt habe

und doch sieht sie es nicht.

Sie bringt mich innerlich zum Beben,

doch sie spürt es nicht.

Fühl dich frei!

Was du träumen kannst, das kannst du auch in die Realität umsetzen!

Sanduhr

Alleine

wie fühlst du dich?

Die Seele der Hoffnung verlässt dich.

Du starrst in die Ferne; es fühlt sich wie die Ewigkeit an

Der Moment der durch die Sanduhr fällt; jedes Korn ein
neuer Moment.

Tausend Momente auf einmal.

Bei manchen Menschen besteht das Leben aus vielen
Stunden

Bei manchen Menschen besteht das Leben aus den
einzelnen Sekunden

Wenn jedes Sandkorn seinen eigenen Moment in deinem
Leben bekommt, hast du deine Zeit hier genutzt.

Einseitig-Gegenseitig

Jeder Kuss den sie mir gibt, ist wie ein "Ich liebe dich."

Jede Umarmung, wie ein stundenlanges Gespräch in dem wir unsere tiefsten Gefühle miteinander teilen.

Immer aufs Neue schön sie zu sehen.

Immer wieder toll bei ihr zu sein.

Einfach nur ihre Liebe zu spüren.

Ich hoffe nur, dass sie fühlt wie sehr mein Herz für sie schlägt.

Was erwartest du?

Nimm nicht das Geld, welches du bereits ausgegeben hast.

Benutze nicht die Brücken, welche du verbrannt hast – du kannst sie nicht mehr überqueren.

Schlafe nicht in dem Haus der Freundschaft, welches du verrotten hast lassen.

Versuche nicht die Liebe zu restaurieren, welche längst zu Bruch gegangen ist.

Öffne dein Herz für Neues!

Sonnenschein

Schon immer hat er davon geträumt.

Für etwas ganz Besonderes hat er es sich aufgehoben.

Etwas Majestätisches sollte es sein.

An einem warmen Herbstabend trat er vor die Tür und der ganze Himmel war rot erleuchtet.

Die bunten Blätter der Bäume wehten im warmen Wind.

Wild wirbelten sie um ihn herum.

Er sah den rot glühenden Feuerball am Horizont.

Nie hatte er etwas vergleichbar Schönes gesehen.

Ihn stach es in den Augen und trotzdem konnte er den Blick nicht abwenden.

Liebe, Leben, Freude, Vergebung, Erfüllung…all das erfuhr er, als er da stand und in Richtung Sonne blickte.

Mit der Zeit nahm sein Augenlicht ab, immer weniger, bis die Sonne für ihn untergegangen war.

Nie wird er sie wieder sehen, nie mehr etwas so prächtiges, nie mehr sehen.

Blind

Ihm liefen die Tränen an seinen Wangen herunter.

Er war überglücklich als ihm bewusst wurde

Es hatte sich gelohnt!

Just like the world is ours

Irgendwann wird hier alles einen Sinn ergeben

vielleicht müssen wir erst die Augen schließen und zur
Ruhe kommen.

Einmal tief durchatmen

die Augenlider fest aufeinander pressen

und sich selbst die Zeit nehmen bis zehn zu zählen.

Mit einem Mal reißt du die Augen auf und trittst erneut ins
Leben – ganz als ob du neu geboren wärst – ganz als ob dir
die Welt gehören würde – sie liegt dir zu Füßen – jetzt
kannst du loslegen

???

Ich habe Angst davor meine Augen aufzuschlagen,

ich könnte sehen, dass mein Leben nicht mehr existiert wie
es einmal war.

Ich habe Angst davor die Hände von meinen Ohren zu
nehmen,

ich könnte hören, dass ich ganz alleine bin.

Ich habe Angst davor etwas zu berühren,

ich könnte merken, dass es mir weh tut.

Ich habe Angst zu lieben,

ich könnte fühlen wieder verletzt zu werden.

Ich habe Angst davor nochmal einzuatmen,

ich könnte weiterleben und müsste diese Schmerzen weiter
ertragen.

Flucht

Völlig benommen sah er hinter sich; spät in der Nacht war es, ganz als würde der nächste Morgen ewig auf sich warten lassen.

Mit hastigen Schritten lief er - weiter - immer weiter. Die ins dumpfe Licht der Laternen gehüllte Straße schien kein Ende zu nehmen. Erneut sah er sich um. War das ein Geräusch - folgte ihm jemand?

Schattenspiele; sein eigener Schatten, düster - gespenstisch.

Ein Rascheln - STOP.

Nein, weiter - immer weiter, nicht stehen bleiben.

Plötzlich, bewegt sich etwas. Direkt vor ihm, kaum einen Schritt entfernt. Dunkel. Ein schwarzes Tier. Leise. Vorsichtig. Bereit zum Angriff. Helle blitzende Augen starren ihn unbeweglich an - aus der Dunkelheit, wie zwei Feuerbälle.

Sein eigener Atem - zu laut. Sein Herz donnert in seinen Ohren. Die blitzenden Augen durchbohren sein Innerstes.

Er beginnt zu beben. Ängstlich, bereit loszurennen. Der Schrei klemmt in seiner Kehle.

Die Augen, sie bewegen sich. Langsam, aber zielstrebig, in seine Richtung.

Was immer es sein mag, Angst - tiefe Angst.

Es gibt Laute von sich - ein leises gleichmäßiges Brummen.

Auf einmal wird ihm ganz anders.

Er bückt sich - nimmt seine Katze in den Arm und streichelt sie, während er ganz frei von Angst mit seiner Liebsten nach Hause geht.

Unsere größten Ängste

und die schlimmste Furcht die in uns lauert,

ist bemessen an dem, was wirklich im Leben zählt,

ein schnurrendes Kätzchen.

Entspannung

Du rammst dein Messer voller Verachtung tief in das
Kissen auf dem mein Kopf liegt.

Tief hinein, weidest du es aus.

Der Ort an dem ich zur Ruhe komme, wird von dir
zerbombt.

Überall um mich herum nichts als tiefe Krater.

Die Luft die ich atme, wenn ich erschöpft bin und nicht
weiter weiß, vergiftest du.

Tiefhängende Nebelschwaden voller Gift rauben mir die
Luft.

Die Erde, auf der ich stehe, wird von dir erschüttert.
Erdbeben, nur damit ich stürze.

Tiefe Schluchten tun sich unter meinen Füßen auf.

Ich weiß nicht weiter.

Gib mir bloß einen Augenblick Zeit um auszuruhen.

Innerer Friede

Wie sieht dein Leben aus?

Dein Lächeln raubt der Welt den Atem.

Es ist so einfach.

Du bist perfekt, so wie du merkst, dass es perfekt ist.

Deine Existenz grenzt an ein Wunder.

Die Hoffnung auf ein besseres Leben erfüllt sich, sobald du
merkst wie gut du es eigentlich hast.

Stimmst du mir zu?

Denke darüber nach wie gut es dir geht!

Realisiere, dein Glück.

Leg dich hin.

Schließ die Augen.

Danke dem Herrn für das, was du hast.

Ende–Neubeginn

"Wie geht es dir?" fragte sie.

"Du siehst müde aus!"

"Es war ein langes Leben." antwortete er.

"Was hat dich bloß so angestrengt und abgenutzt?"

"Das Leben selbst ist das, was uns Menschen die Zeit raubt,

es ist das, was unsere Haut altern lässt,

was uns irgendwann genommen wird."

"Wie fühlt es sich an?"

"Wie ist es, so zu sein?"

Unverständig sah er sie an, bis er begriff was sie meinte.

"Glaub mir, alt oder jung zu sein macht keinen Unterschied!

Man merkt, dass die Hülle in der man steckt alt und marode wird.

Mit der Zeit schmerzen die Gelenke und die Atmung wir immer schwerer;

aber fühlen wirst du dich immer wie eine Jugendliche.

Auch wenn viele Menschen es nicht zeigen können,

oder vielleicht sogar nicht zeigen wollen,

hat sich doch nichts in ihren Köpfen verändert."

"Ich habe Angst vor der Veränderung!", musste

sie zugeben, als sie die Hand des alten Mannes ergriff.

Zusammen saßen sie – seit Stunden und unterhielten sich.

Das Leben, welches in seiner Blüte steht

und das Leben, in welchem die letzten

Herbstblätter bereits zu Boden fallen.

"Kann es sein, dass es irgendwann einen Neubeginn gibt?"

"Auf jeden Fall! Es gibt ein Leben

nach dem Tod, da bin ich

mir zu 100% sicher!

Nach dem Tod wird

das Leben, in seiner jetzigen Form

vergessen sein; und in der neuen

Welt werden wir einmal wieder vereint

sein; wenn es irgendwann einmal

soweit ist, dass du mir nachfolgst."

Tränen liefen ihr an den Wangen herunter.

"Ich liebe dich mein Schatz!"

"Ich liebe dich auch, Papa!"

In meinen Gedanken

welch eine Sache

nur du, nur ich

einfach eben wir

Beweise?

unnötig

erfüllte Erwartungen

bis ans Ende

vom Sonnenaufgang

hinauf in den Himmel

durch die schlimmsten Träume

hinein in das unverbrauchte Glück

Deine Chance

für immer

müde

niemals gesehen

müde durch die vielen Versuche

durch die vielen wundervollen Worte, die unausgesprochen
blieben

zu viele Erklärungen

zu viele Eindrücke

in deiner Stille verloren

wirst du jemals ein Teil von mir sein?

verstecke deine Liebe nicht, wie soll die Welt bloß merken,
wer du bist

wieso verschließt du dich

zieh den Dorn der Einsamkeit aus deiner Zunge

und sprich zu mir

Getrennte Wege

Die Stadt brennt

Jedes Haus steht in Flammen

Schreiend, die Gesichter gezeichnet, voller Angst, rennen
die Leute auf die Straßen.

Ihr ganzes Hab und Gut gehört nun nicht mehr ihnen. Die
Flammen haben Besitz von ihrem Leben ergriffen.

Eine Flut von Elend breitet sich in den Bäuchen der
Menschen aus.

Ein Loch voller Leere.

Wie eine Krankheit sind sie gezwungen mit anzusehen, wie
ihr Haus verbrennt. Die Seuche, die von Haus zu Haus
springt.

Wie Kinder erwachen sie aus ihren Träumen und schauen
voller Angst hinauf zum Himmel.

Der Funkenschlag erstreckt sich über alle Kontinente
hinweg.

Als würden sie die Stimme Gottes hören, der ihnen
verkündet, sie würden die Sonne niemals wieder sehen,

als würde er sich für eine Weile zurückziehen, reißen sie
sich die Klamotten vom Leib.

Die Antworten auf so viele Fragen werden mit einem Mal
unwichtig, die Realität holt sie ein.

Spontan rennen alle los, nackt, verzwiefelt, dem Ende nahe.

Ihre Gesichter voller Schmerz,

nun wird ihnen niemand mehr helfen.

Kannst du...

jubeln, wie ein Kind an seinem 10. Geburtstag;

feiern, wie ein Hochzeitspaar, dass sich unendlich liebt?

die Liebe fühlen, ganz wie bei deinem ersten Kuss?

Fließen Freudentränen, wenn deine Tochter voller Freude
in ihren Augen auf dich zu läuft?

Jauchzt du die Freude hinauf in den Himmel, wenn du
weißt, dass du geliebt wirst?

Spürst du das Kribbeln bei jeder Berührung mit ihr?

Nimmst du die Schmetterlinge in deinem Bauch wahr,
wenn ihr euch seht?

Die Welt gehört dir!

Nachwort

Ich freue mich sehr darüber, dass ich die Möglichkeit bekommen habe, meine Gedichte in einem Buch zu veröffentlichen.

Auf meinem Blog www.mariokonrad.de werden auch in Zukunft Gedichte von mir zu finden sein. Wer mehr über mich und die Hintergründe erfahren möchte, sollte einfach auf diesem Internetauftritt vorbei schauen.

Danke, dass du dieses Buch gekauft hast!

- Gedichte Leben -